ATLAS GRAMMATICAL

De la Langue Latine et de la Langue Grecque.

OU

SUITE DE TABLEAUX

COMPRENANT :

Premier Tableau. *Déclinaison & conjugaison latines concordant avec la déclinaison & la conjugaison grecque.*
Deuxième Tableau. *Syntaxe latine de Lhomond; exemples & règles.*
Troisième Tableau. *Méthode latine de Lhomond; exemples & règles.*
Quatrième Tableau. *Prosodie de Chevalier, règles & exemples, exceptions & exemples des exceptions.*
Cinquième Tableau. *Déclinaison grecque (noms, articles, adjectifs, pronoms, adjectifs pronominaux & participes).*
Sixième Tableau. *1°. Conjugaison grecque aux trois voix. 2°. Les seize Systèmes des caractéristiques & des principales dérivations dans la conjugaison. 3°. Formes contractes et formes en mi. 4°. Irréguliers et défectifs en mi.*
Septième Tableau. *Syntaxe et Méthode grecques de M. Alexandre, concordant avec la Syntaxe et la Méthode de Lhomond,*

DÉDIÉ AVEC AUTORISATION

à S. A. R. Mgr. le Prince de Joinville,

PAR M. AUBERT-HIX, CHEF D'INSTITUTION.

(C)

Sous presse pour paraître incessamment : ATLAS GRAMMATICAL DE LA LANGUE FRANÇAISE, d'après Giraud-Duvivier, Boniface, etc., mis dans un ordre nouveau.

Se trouve :

A l'Institution de M. Aubert-Hix, rue Blanche, N°. 31. | *A la Librairie classique de Maire-Nyon, quai Conti, N°. 13.*

IMPRIMERIE DE A. CONIAM, RUE DU FAUBOURG-MONTMARTRE, N. 4, PRÈS LE BOULEVART.

Atlas Grammatical.

DÉCLINAISON.

NOMS.

Genre		Singulier: Nominatif	Vocatif	Génitif	Datif	Ablatif	Accusatif	Pluriel: Nominatif	Vocatif	Génitif	Datif	Ablatif	Accusatif
f.	Ros	a	a	æ	æ	â	am	æ	æ	arum	is	is	as
m.	Nauta	[illegible]											
f.	Musa	[illegible]											
f.	Camena	[illegible]											
m.	Domin	us	e	i	o	o	um	i	i	orum	is	is	os
f.	Puer	[illegible]											
n.	Templum	[illegible]											

1re DÉCLINAISON.

Poeta, cometa et autres d'origine masculine, sont masculins.
Famula, asina, mula, equa, anima, filia, nata, Dea, font leur datif et leur ablatif pluriels en abus.

2e DÉCLINAISON.

Agnus, Deus et Chorus . . . . . Font leur vocatif semblable au nominatif.
Ceux en ius . . . . . Font leur vocatif singulier en i.
Quelques-uns en us, comme locus . . . . . Ont un pluriel neutre en a, loca.
Quelques-uns en um, comme coelum . . . . . Ont un pluriel masculin en i, coeli.
Deus . . . . . Fait le nominatif et le vocatif pluriels dii, le datif et l'ablatif pluriels diis.

3e DÉCLINAISON.

[illegible]

4e DÉCLINAISON.

[illegible]

ADJECTIFS.

[illegible]

PRONOMS ET ADJECTIFS PRONOMINAUX.

[illegible]

CONJUGAISON.

FORMES ACTIVES.

[illegible]

FORMES PASSIVES.

[illegible]

VERBES IRRÉGULIERS ET VERBES DÉFECTIFS.

[illegible]

1. Composés de sum :
Prosum, formé de pro sum, prend par devant une voyelle et devant f qui se perd; prend pas devant s, devant ses en supprimant es.
Possum, formé de pot sum, prend pot devant une consonne, pod devant une voyelle.
Adsum, de ad cum, prend af devant f.
Sum, manger, a plusieurs temps de son homonyme.

2. Offero, de ob fero, prend of devant f, ob devant t, di devant l.
Differo, de dis fero, prend dif devant f, dis devant t, di devant l.
Aufero, de abs fero, prend au devant f, abs devant t, ab devant l.
Affero, de ad fero, prend af devant f, at devant t, al devant l.
Confero, de cum fero, prend col devant l.
Suffero, de sub fero, prend suf devant f, sus devant t, sub devant l.

3. Conjuguez ainsi les composés adire, abire, exire, perire, subire, transire, praeterire, obire

4. 5. 6. Nolo, malo se conjuguent comme volo dans tous les temps qui ne sont point conjugués ici.

Ajoutez encore.
Fio { factus }
Gaudeo { gavisus }
Soleo { solitus } aux temps dérivés.
Audeo { ausus }
Fido { fisus }

memini
novi } qui prennent pour présent le parfait, pour parfait le plus-que-parfait à tous les modes.
coepi
odi } (sans sum).

Duco, dico, facio, fero, qui font leur impératif dic, duc, fac, fer.

7. Conjuguez ainsi sequor.

[illegible]
DE L'IMPRIMERIE DE A. CONIAM, RUE DU FAUBOURG MONTMARTRE, N° 4, PRÈS LE BOULEVART.

Atlas Grammatical.

Tableau Synoptique des Règles de la Syntaxe latine, d'après Lhomond.

[illegible]

Détails sur diverses parties du Discours.

[illegible]

Atlas Grammatical.

RAPPORT DE DEUX VERBES.

PRONOMS ET ADJECTIFS PRONOMINAUX.

PARTICIPES.

PRÉPOSITIONS ET CONJONCTIONS.

GALLICISMES.

Atlas Grammatical.

Mesure du vers hexamètre :
Tytĭrĕ |tū pătŭ|læ rĕcŭ|bāns sūb|tēgmĭnĕ |fāgī.

Mesure du vers pentamètre :
Tempŏrĭ|bŭs fāc|rīs| pābŭlă |pōlŭs ĕ|rĭs.

I

Toute voy. (–) suivie dans le même mot de deux consonnes ou d'une consonne double (x, z, j.) :
ōxilioque domos et dūlcia limina linquūnt.

Toute voy. (–) devant deux consonnes même séparées de mots :
ō Melibœe, deūs nobis hæc otia fecit.

Toute voy. (invar.) devant deux consonnes toutes deux dans le mot suivant :
Sæpĕ stylum vertas.

Voy. (˘) devant une muette (b, c, d, f, g, p, t, v,) et une des liquides l, r, dans la même syllabe :
Natum ante ora pătris, pătremque abjiciunt ad aras.

Voy. (–) devant ces mêmes consonnes séparées de syllabes :
Juncto vita ventis, subvertuntque läbrae puppes.

Voy. (–) devant ces mêmes consonnes, quand le primitif la fait longue :
Parva, sub ingenti mātris se subjicit umbrā.

Voy. (˘) suivie d'une voy. dans le même mot.
Implaque æternam timuērunt sæcula noctem.

ā dans āer et ses composés || dans Lycāon :
Alta petunt aer atque ǣtre purior ignis.
Irridet primā pia vota Lycaon.

ē dans ēi 5me décl.
Nunc adeō melior quoniam pars acta diēi.

ō dans ōhen :
ōhen quid volui misero mihi !

ē dans Æneās :
Tum pater Æneās toro sublimis ab alto.

ī de fīeri dans les temps avec r || i dans les temps sans r :
Omnia jam fient, fieri quæ posse negabam.

ī dans les gén. en īus :
Unius ob noxam et furias Ajacis Oilei.
Navibus (infandum !) amissis unius ob iram.

ĭ dans alius || ī dans alterius :
Corripit alterius, semper producit alīus.

ī dans Amphīon || Marīa ou Marĭa :
Dictus et, Amphion, thebanæ conditor arcis.

ŏ dans les cas dérivés de heros. Trōs || dans ōhe :
Magnanimi herōes, nati melioribus annis !
ōhe jam satis est.

Diphthongues (–) æ, ei, oi, au, eu, ou, æ, œ, (gu, qu sont consonnes composées) :
Siculides musæ, paulo majora canamus.

Diphthongues (–) même suivies de voyelles :
Tu neque Pompeiī spatiatere cultus in umbrā.

præ devant une voyelle dans les mots composés :
Et venit stellā non præeunte dies.

Syll. (–) formée par contraction ou par syncope :
De prohibete minas, di talem avertite casum.
Tytire coge pecus.

II

ā, ē, dē, dī, sē, trā dans les mots composés ; prō seulement devant une consonne :
Et qualem infelix āmisit Mantua campum.
Et venit stellā non præeunte dies.

dĭ de dirimo, dĭvertus :
Et Rutulum nostro dirimatur sanguine bellum.

ăb, ăd, ĭn, ŏb, circŭm, intĕr, pĕr, prætĕr, sŭb, supĕr, devant une voy. dans les mots composés. — rĕ, antĕ, devant une voy. ou une consonne :
Nec poterit ferrum, nec edax ăbolere vetustas.

rē dans rēfert impers. :
Præterea nec jam mutari pabula rĕfert.

III

Crém. du singulier (˘) 1re décl. :
Maxima debetur puĕro reverentia. Si quid
Turpe paras, ne tu puĕri contempseris annos.

Cr. (–) dans Ibēr, Celtibēr :
Aut impacatos a tergo horrebit Ibēras.

ā cr. du sing. 3me déclinaison :
Si te nulla movet tantæ pietātis imago.

ă cr. des noms neutres en a :
Non satis est pulchra esse poemata dulcia sunto.

ă cr. des noms en as gén. adis, atis :
Et sol flammigerā lustrabat lampade terras.

ă cr. des noms propres masc. en al et en ar :
Annibalis spolia et victi monumenta Syphacis.

ă cr. de par et de ses composés :
Numero Deus impare gaudet.

ă cr. de mas, barbar, hepar, jubar, lar, nectar, trabs :
Liquida diffundunt nectare cellas.

ē cr. du sing. 3me déclinaison :
Hic segĕtes, illic veniunt felicius uvæ.

ĕ cr. de noms en en gén. inis :
Monstra maris syrtes erunt.

ē cr. de hæres, lex, locuples, mages, merces, quies, rex, ver, vervex :
Omnia sub lēges mors vocat atra suas.

ē cr. des noms en er et es tirés de noms grecs, gén. eris, etis :
Armaque, crateresque simul, pulchrasque lapetas.

ē cr. des noms hébreux.

ĭ, y̆ cr. du sing. 3me déclinaison :
Os homini sublime dedit, cœlumque tueri
Jussit et erectos ad sydera tollere vultus.

ī cr. de dis, glis, lis, vires :
Noctes atque dies patet atri janua ditis.

ī cr. des noms en en, in tirés du grec || dans Quiris, Samnis :
Delphinum similis, qui per maria humida nando.

ī cr. des noms en ix :
Vivite, felices, quibus est fortuna peracta !

ĭ cr. de calix, filix, fornix, nix, pix, salix, vicis :
Et filicem curvis invisam pascit aratris.

ō cr. du sing. 3me déclinaison :
Infandum, regina, jubes renovare dolōrem.

ŏ cr. des noms neutres en or, ur, us :
Fortiaque adversis opponite pectora rebus.

ō cr. des noms neutres en or || dans les noms de peuples en es :
Multa super Priamo rogitans, super hectore multa.

ŏ cr. de arbor, bos, compos, impos, inops, lepus, memor, præcox, tripus :
At frigida Tempe
Mugitusque boum, mollesque sub arbore somni.

ū cr. du singulier 3me déclinaison :
Si canimus sylvas, sylvæ sint consule dignæ.

ū cr. des noms en us gén. udis, utis, uris :
Una salus victis nullam sperare salutem.

ŭ cr. de pecus, intercus, ligur :
Nigrum hiemi pecudem, zephyris felicibus albam.

ū cr. de lux, Pollux, Phrux :
Restitit Æneas, claraque in lūce refulsit.

IV

ā, ē, ō, cr. du pluriel des noms ; || ĭ ŭ, cr. du pluriel dans les noms :
Vidimus undantem ruptis fornacibus Ætnam,
Flammārumque globos liquefactaque volvere saxa.

V

ā cr. des verbes :
Formosam resonāre doces Amaryllida sylvas.

ă cr. du do et ses composés :
Nam quod consilium, aut quæ jam fortuna dabatur ?

ē cr. des verbes :
Conticuēre omnes, intentique ora tenebant.

ĕ cr. des temps en eram, erim, ero ; || eram, ero du verbe sum :
Ter circum Iliacos raptavĕrat Hectora muros.

ĕ cr. des 2mes pers. en beris, bere :
Semper honore meo semper celebrabĕre donis.

ĕ cr. présent indicatif passif. || Imparfait subjonctif actif. || Présent infinitif actif de la 3me conjugaison :
Jam legere, et quæ sit poteris cognoscĕre, virtus.

ī cr. des verbes :
Satis una superque
Vidimus excidia, et captæ superavīmus urbi.

ī cr. de la 4me conjugaison :
Ignoscenda quidem, scirent si ignoscere manes.

ĭ cr. des prétérits en ivi, et temps dérivés :
Quæsivit cœlo lucem, ingemuitque repertā.

ī cr. présent subjonctif de volo, nolo malo, sum et ses composés :
Atque hæc ut certis possimus discere signis.

ō cr. des verbes :
Ventum mœnibus jam nunc cætōte senectæ.

ū cr. des verbes :
Nolumus assiduis animum tabescere curis.

ū cr. pénultième des participes fut. en rus, ra, rum :
Cingitur, ac densos fertur moriturus in hostes.

VI

Prétérit de 2 syllabes pénultième (–) :
Vēnit summa dies et ineluctabile tempus.

Prétérit bĭbi, dĕdi, fĭdi, scĭdi, stĕti, tŭli :
Omne tulit punctum qui miscuit utile dulci.

Prétérit à redoublement, les deux premières syll. (˘˘) :
Tytire, tu patulæ recubans sub tegmine fagi.

Prétérit : cecīdi de cædo, pepĕdi de pedo.

VII

Supins de 2 syll. pénultième (–) participes dérivés id. :
Si mihi creverit, nōtus minus exeat Ulysses.

Supins dătum, cĭtum, ĭtum, lĭtum, quĭtum, rătum, sătum, de do cieo eo lino queo reor sero
statum, sĭtum
sto sino. Et les participes des composés de ruo.
Dīruta sunt aliis, uni mihi Pergama restant.

Supins de plus de 2 syllabes en utum, et participes dérivés ; pénultième (–) ;

Supins en itum et itum dérivés de avi et ivi pénultième (–) :
Hei mihi ! qualis erat ! quantum mutatus ab illo
Hectore qui redit exuvias indūtus Achillis.
Trojano a sanguine crētum.

Supins des composés de eo, itum ;
O mihi præteritos referat si Jupiter annos !

Supins itum de prétérits non en ivi :
Discite justitiam moniti, et non temnere divos.

VIII

ă final :
Regiă solis erat sublimibus altă columnis.

ā final ablatif, première déclinaison || vocatif des noms grecs en as :
Qualis populeā mœrens philomela sub umbrā.
Quid miserum, Ænea, laceras ? jam parce sepulto.

ā final des noms de nombre en ginta ;

ā final impératif || final adverbe || final préposition :
Principiis obstā ; serō medicina paratur,
Cum mala per longas invaluēre moras.
Sed fugit interea, fugit irreparabile tempus.
. . . . Ruit altō ā culmine Troja

Eiă, ită, quiă, pută (adverbe) :
Sic veteres, ită miratur laudatque poetas.

ĕ final :
Incipĕ, parvĕ puer, risu cognoscerĕ matrem.

ē final 1re et 5me déclinaisons :
Te veniente diē, te decedente canebat.

ē final impératif 2me conjugaison :
Tu nunc, ea, dice, quod, dicam horrida bella.

ē final des adverbes formés de la 2me déclinaison :
Quæ venit indignē pœna dolenda venit.

ĕ final de bene, male, infernē, supernē :
Non benē cælestes impia dextra colit.

ē final de mē, tē, sē, ē, dē, nē, (de peur que) fermē ohē || ferē :
Mene efferre pedem, genitor, tē posse relicto,
Sperasti ?

ĕ final de quĕ, cĕ, vĕ, nĕ (interrogatif) :
Trojaquĕ nunc stares, Priamique arx alta maneres.

ī final :
Fidite virtutī, fortuna fugacior undis.

ĭ final de mihĭ tibĭ sibĭ quasĭ ubĭ conj. || nisĭ :
Fas mihĭ Graiorum sacrata resolvere jura.
Musa, mihi causas memora. . . . .

ī final vocatif et datif 3me déclinaison :
Insere, Daphnī, piros, carpent tua poma nepotes.

ō final :
Sic volō, sic jubeō ; sit pro ratione voluntas.

ō datif || ablat. || continuō, subitō, ergō (pour causā) :
Imperium oceanō, famam qui terminet astris.

ŏ final de dŏ, stŏ, ŏ, prŏ, quŏ :
Sic ego dō paruus artibus ipse meis.

ŏ final citŏ, imŏ, illicŏ, modŏ (et ses composés) || cedŏ (pour dic) :
Nec citō credideris quantum citŏ credere laedat.

ō interjection devant une consonne :
O patria, ō divûm domus, et inclyta bello
Mœnia !

ŏ interjection devant une voyelle :
Te Corydon, ŏ Alexi ! trahit sua quemque voluptas.
O pater, ō hominum divûmque æterna potestas !

ŭ final :
Afflictis vitam in tenebris luctūque trahebam.

ĕ final :
Vitaque cum gemitu fugit indignata sub umbras.

ĕ final :
Sic oculos sic ille manus sic ora ferebat.

ĕ final de nec, donec. || ē de fac, hic (pronom) :
Donec eris felix, multos numerabis amicos.
Nempe quod hic alte, demissius ille vocabat.
Hic vir, hic est tibi quem promitti sæpius audis.

ĭ final :
Quidquid id est, timeo Danaos, et dona ferentes.

ĭ final :
Ianuæ veniunt procul hinc procul este, profani.

ī final de sōl, sāl || et noms hébreux Danīēl, Israēl :
Per duodena regit mundi sōl aureus astra.

ĭ final :
Quin ipsæ stupuēre domus, atque intima lethi
Tartara.

ī final des noms en en génitif enis :
At prior Alcides solitō prece numĕn adorat.

ĭ final de an, in, tamĕn (et composés) || vidĕn, nostĭn, egĭn, etc. :
Nec circumfuso pendebat in aere tellus.

ī final des noms Grecs en o (mittum) || de Thetin, Maian :
Pelion Æmonia mons est obversus in austros.

ŏ final :
Tum variæ venēre artes ; labor omnia vincit
Improbus.

ā final de cur, fur, fār, lār, nār, pār (et composés) :
Ludere pār impār, equitare in arundine longā.

ĕ final dans les noms en er génitif eris (tirés du grec) || de vēr, ibēr :
Alta petunt aēr atque æthre purior ignis.
Ver erat æternum.

ās final :
Trojanās ut opes et lamentabile regnum
Eruerint Danai.

ăs final dans les noms en as, génitif adis.
Bellica Pallas adest, et protegit ægide fratrem.

ās final accusatif grec 3me déclinaison :
Permixtos heroas, et ipse videbitur illis.

ās final :
Albanique patrēs, atque altæ mœnia Romæ.

ēs final des noms à crément bref :
Arebant herbæ, et victum segĕs ægra negabat.

Cerēs, abiēs, ariēs, pariēs, pēs (et composés) :
Floræ Cerēs alto nequidquam spectat Olympo.

ĕs final de penēs, ĕs 2e personne de sum (et composés) :
Me penēs est unum vasti custodia mundi.
Natus ĕs e scopulis, nutritus lacte ferino.

ĕs final nominatif et vocatif des noms grecs :
Ambo florentes ætatibus, Arcadĕs ambo.

ĭs final :
Tantæ molis erat romanam condere gentem !

īs datif et ablatif pluriels || gratīs, forīs :
Parcere subjectīs et debellare superbos.

īs des monosyllabes à crément (–) dīs, līs, glīs :
Grammatici certant, et adhuc sub judice līs est.

īs 2e personne singulier présent indicatif 4me conjugaison :
Si periturus abīs, et nos rape in omnia tecum.

īs de sīs (et composés) || de fīs, faxīs, velīs, nolīs, malīs, ausīs :
Adsīs ô tandem ! propius tua numina firmes.

īs de vīs (nom), vīs (verbe) et composés mavīs, quivīs, quamvīs :
Quamvīs Elisios miretur Græcia campos.

ōs final :
Imperium terris animōs æquabit Olympo.

ŏs de impŏs, compŏs, ŏs (ossis), exŏs :
Inceptaque, et voti post modo compŏs eris.

ŏs des noms grecs en os || ōs dans les noms grecs en ως :
Et Chaos et Phlegeton, loca nocte silentia latē
Quantus Athōs aut quantus Eryx.

ŭs final :
Unus erat toto naturæ vultŭs in orbe.

ūs génitif singulier ; nominatif, vocatif, accusatif pluriels 4me décl. :
Stat fortuna domūs, et avi numerantur avorum.

ūs 3me déclinaison crément en u || tripūs Jesūs :
Omnia nam virtus imperiosa domat.

ўs final :
At capȳs, et quorum melior sententia menti.

ī final :
Annuit et totum nutu tremefecit Olympum.

IX

Césure au 3me pied :
Albanique patres, atque altæ|mœnia|Romæ.

Césure au 2me et au 4me pied :
Quin ipsæ stupuēre domus, atque intima lethi.

Césures le plus possible :
Donec eris felix, multos numerabis amicos.

Monosyllabes en césures :
Me penes est unum vasti custodia|mundi.

Jamais de césure au 5me pied à moins que le vers ne finisse par un mot de 4 syllabes ˘˘–

Nota. Les lignes rentrantes sont les règles.
Les lignes rentrantes et en caractère romain sont les exceptions.
Les lignes plus rentrantes et en italique sont les exemples.

Se trouve : A L'INSTITUTION DE M. AUBERT-HIX, rue Blanche, n°. 31 ; A LA LIBRAIRIE CLASSIQUE DE MAIRE-NYON, quai Conti, n°. 13 ; — Et chez HACHETTE, Libraire, rue Pierre-Sarrazin, n°. 12.

De l'imprimerie de A. Coniam, rue du Faubourg-Montmartre, n°. 4, près le boulevard.

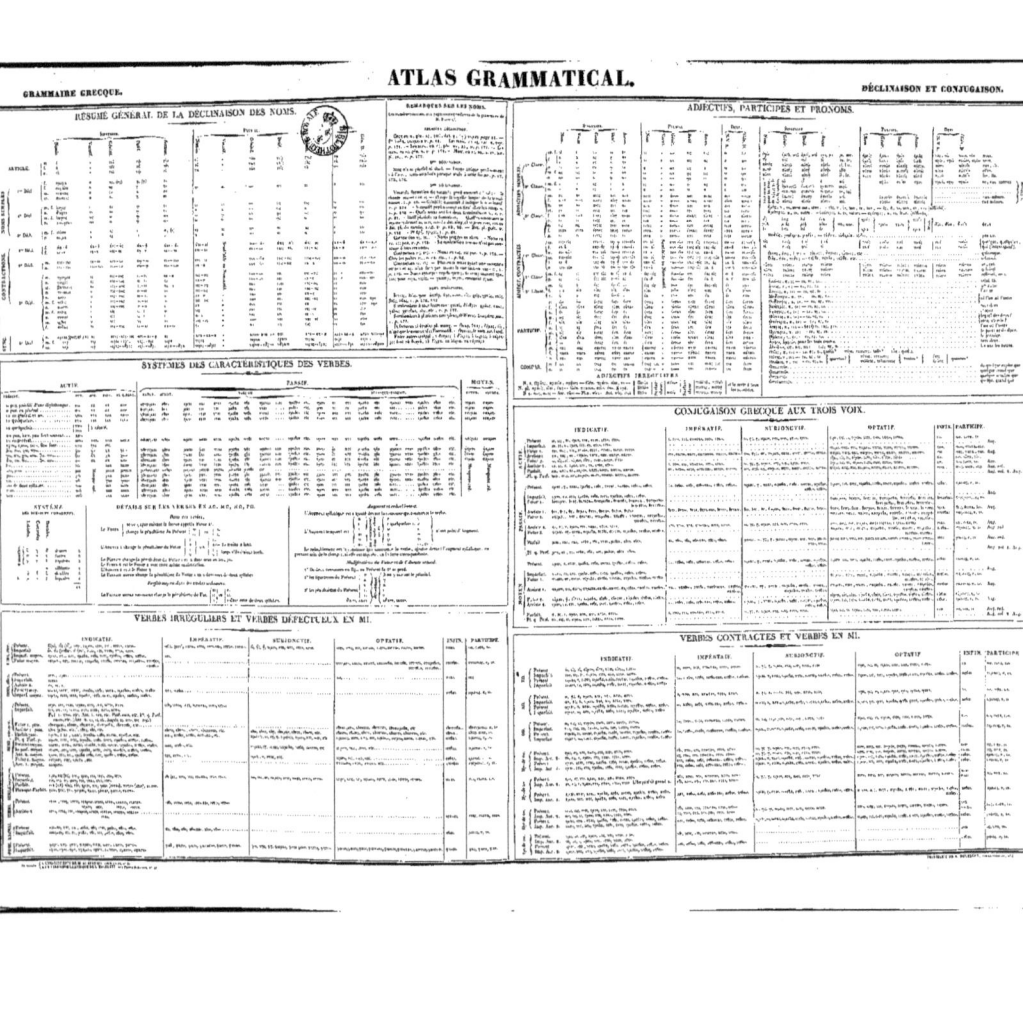

ATLAS GRAMMATICAL.

GRAMMAIRE GRECQUE. **DÉCLINAISON ET CONJUGAISON.**

RÉSUMÉ GÉNÉRAL DE LA DÉCLINAISON DES NOMS.

REMARQUES SUR LES NOMS.

ADJECTIFS, PARTICIPES ET PRONOMS.

ADJECTIFS IRRÉGULIERS

SYSTÈMES DES CARACTÉRISTIQUES DES VERBES.

ACTIF. PASSIF. MOYEN.

SYSTÈME DES SUBJONCTIFS CONSONNANTS

DÉTAILS SUR LES VERBES EN AO, MO, NO, PO.

CONJUGAISON GRECQUE AUX TROIS VOIX.

INDICATIF.	IMPÉRATIF.	SUBJONCTIF.	OPTATIF.	INFIN.	PARTICIPE.

VERBES IRRÉGULIERS ET VERBES DÉFECTUEUX EN MI.

INDICATIF.	IMPÉRATIF.	SUBJONCTIF.	OPTATIF.	INFIN.	PARTICIPE.

VERBES CONTRACTES ET VERBES EN MI.

INDICATIF.	IMPÉRATIF.	SUBJONCTIF.	OPTATIF.	INFIN.	PARTICIPE.

Atlas Grammatical.

Tableau Synoptique des Règles de la Syntaxe grecque de M. Alexandre,

Rapprochée de la Méthode latine, d'après Lhomond.

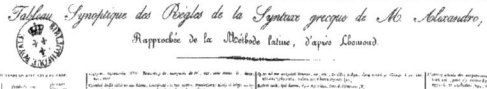

DÉTAILS SUR L'EMPLOI DE L'ARTICLE.

ACCORD DES NOMS ENTRE EUX.

RÉGIME DES NOMS.

ACCORD DE L'ADJECTIF AVEC LE NOM.

RÉGIME DES ADJECTIFS.

RÉGIME DES COMPARATIFS.

RÉGIME DES SUPERLATIFS ET DES NOMS PARTITIFS.

ACCORD DU VERBE AVEC LE SUJET.

RÉGIME DIRECT DES VERBES.

RÉGIME INDIRECT DES VERBES.

PRONOMS RELATIFS.

DIVERS EMPLOIS DU PARTICIPE.

SYNTAXE DES ADVERBES.

EMPLOI ET CONSTRUCTION DES PRÉPOSITIONS.

SYNTAXE DES CONJONCTIONS.

SYNTAXE DES INTERJECTIONS.

DU DUEL.

Atlas Grammatical.

Tableau Synoptique des Règles de la Méthode grecque de M. Alexandre,

Rapprochée de la Méthode latine, d'après Lhomond.

www.ingramcontent.com/pod-product-compliance
Lightning Source LLC
Chambersburg PA
CBHW061520040426
42450CB00008B/1715
9782011306661